Adalbert Stifter

Das Haidedorf

GRIN Verlag

Bibliografische Information der Deutschen Nationalbibliothek:

Die Deutsche Bibliothek verzeichnet diese Publikation in der Deutschen National-
bibliografie; detaillierte bibliografische Daten sind im Internet über http://dnb.d-
nb.de/ abrufbar.

Impressum:

Copyright © 2008 GRIN Verlag GmbH
Druck und Bindung: Books on Demand GmbH, Norderstedt Germany
ISBN: 978-3-640-23116-4

GRIN - Your knowledge has value

Der GRIN Verlag publiziert seit 1998 wissenschaftliche Arbeiten von Studenten, Hochschullehrern und anderen Akademikern als eBook und gedrucktes Buch. Die Verlagswebsite www.grin.com ist die ideale Plattform zur Veröffentlichung von Hausarbeiten, Abschlussarbeiten, wissenschaftlichen Aufsätzen, Dissertationen und Fachbüchern.

Besuchen Sie uns im Internet:

http://www.grin.com/

http://www.facebook.com/grincom

http://www.twitter.com/grin_com

Das Haidedorf. - Adalbert Stifter

erstmalig erschienen: 1864

Die Haide.

Im eigentlichen Sinne des Wortes ist es nicht eine Haide, wohin ich den lieben Leser und Zuhörer führen will, sondern weit von unserer Stadt ein traurig liebliches Fleckchen Landes, das sie die Haide nennen, weil seit unvordenklichen Zeiten nur kurzes Gras darauf wuchs, hie und da ein Stamm Haideföhre, oder die Krüppelbirke, an deren Rinde zuweilen ein Wollflöckchen hing, von den wenigen Schafen und Ziegen, die zeitweise hier herumgingen. Ferner war noch in ziemlicher Verbreitung die Wachholderstaude da, im Weitern aber kein andrer Schmuck mehr; man müßte nur die fernen Berge hierher rechnen, die ein wunderschönes blaues Band um das mattfärbige Gelände zogen.

Wie es aber des Öftern geht, daß tiefsinnige Menschen, oder solche, denen die Natur allerlei wunderliche Dichtung und seltsame Gefühle in das Herz gepflanzt hatte, gerade solche Orte aufsuchen und liebgewinnen weil sie da ihren Träumen und innerem Klingklang nachgehen können: so geschah es auch auf diesem Haideflecke. Mit den Ziegen und Schafen nämlich kam auch sehr oft ein schwarzäugiger Bube von zehn oder zwölf Jahren, eigentlich um dieselben zu hüten; aber wenn sich die Tiere zerstreuten – die Schafe um das kurze würzige Gras zu genießen, die Ziegen hingegen, für die im Grunde kein passendes Futter da war, mehr ihren Betrachtungen und der reinen Luft überlassen, nur so gelegentlich den einen oder andern weichen Sprossen pflückend – fing er inzwischen an, Bekanntschaft mit den allerlei Wesen zu machen, welche die Haide hegte, und schloß mit ihnen Bündniß und Freundschaft.

Es war da ein etwas erhabener Punkt, an dem sich das graue Gestein, auch ein Mitbesitzer der Haide, reichlicher vorfand, und sich gleichsam emporschob, ja sogar am Gipfel mit einer überhängenden Platte ein Obdach und eine Rednerbühne bildete. Auch der Wachholder drängte sich dichter an diesem Orte, sich breit machend in vielzweigiger Abstammung und Sippschaft nebst manch schönblumiger Distel. Bäume aber waren gerade hier weit und breit keine, weßhalb eben die Aussicht weit schöner war, als an andern Punkten, vorzüglich gegen Süden, wo das ferne Moorland, so ungesund für seine

Bewohner, so schön für das entfernte Auge, blauduftig hinausschwamm in allen Abstufungen der Ferne. Man hieß den Ort den Roßberg; aus welchen Gründen, ist unbekannt, da hier nie seit Menschenbesinnen ein Pferd ging, was überhaupt ein für die Haide zu kostbares Gut gewesen wäre.

Nach diesem Punkte nun wanderte unser kleiner Freund am allerliebsten, wenn auch seine Pflegebefohlenen weit ab in ihren Berufsgeschäften gingen, da er aus Erfahrung wußte, daß keines die Gesellschaft verließ, und er sie am Ende alle wieder vereint fand, wie weit er auch nach ihnen suchen mußte; ja, das Suchen war ihm selber abenteuerlich, vorzüglich, wenn er weit und breit wandern mußte. Auf dem Hügel des Roßberges gründete er sein Reich. Unter dem überhängenden Blocke bildete er nach und nach durch manche Zutat, und durch mühevolles, mit spitzen Steinen bewerkstelligtes Weghämmern einen Sitz, anfangs für Einen, dann füglich für Drei geräumig genug; auch ein und das andere Fach wurde vorgefunden oder hergerichtet, oder andere bequeme Stellen und Winkel, wohin er seinen leinenen Haidesack legte, und sein Brot, und die unzähligen Haideschätze, die er oft hierher zusammen trug. Gesellschaft war im Übermaße da. Vorerst die vielen großen Blöcke, die seine Burg bildeten, ihm alle bekannt und benannt, jeder anders an Farbe und Gesichtsbildung, der unzähligen kleinen gar nicht zu gedenken, die oft noch bunter und farbenfeuriger waren. Die großen teilte er ein, je nachdem sie ihn durch Abenteuerlichkeit entzückten, oder durch Gemeinheit ärgerten: die kleinen liebte er alle. Dann war der Wachholder, ein widerspenstiger Geselle, unüberwindlich zähe in seinen Gliedern, wenn er einen köstlichen, wohlriechenden Hirtenstab sollte fahren lassen, oder Platz machen für einen anzulegenden Weg; – seine Äste starrten rings von Nadeln, strotzten aber auch in allen Zweigen von Gaben der Ehre, die sie Jahr aus Jahr ein den reichlichen Haidegästen auftischten, die millionenmal Millionen blauer und grüner Beeren. Dann waren die wundersamen Haideblümchen, glutfärbig oder himmelblau brennend, zwischen dem sonnigen Gras des Gesteines, oder jene unzählbaren kleinen, zwischen dem Wachholder sprossend, die ein weißes Schnäbelchen aufsperren, mit einem gelben Zünglein darinnen – auch manche Erdbeere war hie und da, selbst zwei Himbeersträuche, und sogar,

4

zwischen den Steinen emporwachsend, eine lange Haselrute. Böse Gesellschaft fehlte wohl auch nicht, die er vom Vater gar wohl kannte, wenn sie auch schön war, z. B. hie und da, aber sparsam, die Einbeeren, die er nur schonte, weil sie so glänzend schwarz waren, so schwarz, wie gar nichts auf der ganzen Haide; seine Augen ausgenommen, die er freilich nicht sehen konnte.

Fast sollte man von der lebenden und bewegenden Gesellschaft nun gar nicht mehr reden, so viel ist schon da; aber diese Gesellschaft ist erst vollends ausgezeichnet. Ich will von den tausend und tausend goldenen, rubinenen, smaragdenen Tierchen und Würmchen gar nichts sagen, die auf Stein, Gras und Halm kletterten, rannten und arbeiteten, weil er von Gold, Rubinen und Smaragden noch nichts sah, außer was der Himmel und die Haide zuweilen zeigte; - aber von Anderem muß gesprochen werden. Da war einer seiner Günstlinge, ein schnarrender purpurflügliger Springer, der dutzendweise vor ihm aufflog, und sich wieder hinsetzte, wenn er eben seine Gebiete durchreisete – da waren dessen unzählbare Vettern, die größern und kleinern Heuschrecken, in mißfarbiges Grün gekleidete Heiduken, lustig und rastlos zirpend und schleifend, daß an Sonnentagen ein zitterndes Gesinge längs der ganzen Haide war – dann waren die Schnecken mit und ohne Häuser, braune und gestreifte, gewölbte und platte, und sie zogen silberne Straßen über das Haidegras, oder über seinen Filzhut, auf den er sie gerne setzte – dann die Fliegen, summende, singende, piepende, blaue, grüne, glasflüglige – dann die Hummel, die schläfrig vorbeiläutete – die Schmetterlinge, besonders ein kleiner mit himmelblauen Flügeln, auf der Kehrseite silbergrau mit gar anmutigen Äuglein, dann noch ein kleinerer mit Flügeln, wie eitel Abendröte – dann endlich war die Ammer, und sang an vielen Stellen; die Goldammer, das Rotkehlchen, die Haidelerche, daß von ihr oft der ganze Himmel voll Kirchenmusik hing; der Distelfink, die Grasmücke, der Kibitz, und andere und wieder andere. Alle ihre Nester lagen in seiner Monarchie, und wurden aufgesucht und beschützt. Auch manch rotes Feldmäuschen sah er schlüpfen und schonte sein, wenn es plötzlich stille hielt, und ihn mit den glänzenden erschrockenen Äuglein ansah. Von Wölfen oder andern gefährlichen

Bösewichtern war seit Urzeiten aller seiner Vorfahren keiner erlebt worden, manches eiersaufende Wiesel ausgenommen, das er aber mit Feuer und Schwert verfolgte.

Inmitten all dieser Herrlichkeiten stand er, oder ging, oder sprang, oder saß er – ein herrlicher Sohn der Haide: aus dem tiefbraunen Gesichtchen voll Güte und Klugheit leuchteten in blitzendem, unbewußtem Glanze die pechschwarzen Augen, voll Liebe und Kühnheit, und reichlich zeigend jenes gefahrvolle Elemente, was ihm geworden und in der Haideeinsamkeit zu sprossen begann, eine dunkle glutensprühige Fantasie. Um die Stirne war eine Wildniß dunkelbrauner Haare, kunstlos den Winden der Fläche hingegeben. Wenn es mir erlaubt wäre, so würde ich meinen Liebling vergleichen mit jenem Hirtenknaben aus den heiligen Büchern, der auch auf der Haide vor Bethlehem sein Herz fand, und seinen Gott, und die Träume der künftigen Königsgröße. Aber so ganz arm, wie unser kleiner Freund, war jener Hirtenknabe gewiß nicht; denn des ganzen lieben Tages Länge hatte er nichts, als ein tüchtig Stück schwarzen Brotes, wovon er unbegreiflicher Weise seinen blühenden Körper und den noch blühendern Geist nährte, und ein klares kühles Wasser, das unweit des Roßberges vorquoll, ein Brünnlein füllte, und dann flink längs der Haide forteilte, um mit andern Schwestern vereint jenem fernen Moore zuzugehen, dessen wir oben gedachten. Zu guten Zeiten waren auch ein oder zwei Ziegenkäse in der Tasche. Aber ein Nahrungsmittel hatte er in einer Güte und Fülle, wie es der überreichste Städter nicht aufweisen kann, einen ganzen Ozean der heilsamsten Luft um sich, und eine Farbe und Gesundheit reifende Lichtfülle über sich. Abends, wenn er heim kam, wohin er sehr weit hatte, kochte ihm die Mutter eine Milchsuppe, oder einen köstlichen Brei aus Hirse. Sein Kleid war ein halbgebleichtes Linnen. Weiter hatte er noch einen breiten Filzhut, den er aber selten auftat, sondern meistens in seinem Schlosse an einen Holznagel hing, den er in die Felsenritze geschlagen hatte.

Dennoch war er stets lustig, und wußte sich oft nicht zu halten vor Frohsinn. Von seinem Königssitze aus herrschte er über die Haide. Teils durchzog er sie weit und breit, teils saß er hoch oben auf der Platte oder Rednerbühne, und so weit das Auge gehen konnte, so weit ging die Fantasie mit, oder sie ging noch weiter, und überspann die ganze Fernsicht mit einem Fadennetze von Gedanken und Einbildungen, und je länger er saß, desto dichter kamen sie, so daß er oft am Ende selbst ohnmächtig unter dem Netze steckte. Furcht der Einsamkeit kannte er nicht; ja, wenn recht weit und breit kein menschliches Wesen zu erspähen war, und nichts, als die heiße Mittagsluft längs der ganzen Haide zitterte, dann kam erst recht das ganze Gewimmel seiner innern Gestalten daher, und bevölkerte die Haide. Nicht selten stieg er dann auf die Steinplatte, und hielt sofort eine Predigt und Rede – unten standen die Könige und Richter, und das Volk und die Heerführer, und Kinder und Kindeskinder, zahlreich, wie der Sand am Meere; er predigte Buße und Bekehrung – und Alle lauschten auf ihn; er beschrieb ihnen das gelobte Land, verhieß, daß sie Heldentaten tun würden, und wünschte zuletzt nichts sehnlicher, als daß er auch noch ein Wunder zu wirken vermöchte. Dann stieg er hernieder und führte sie an, in die fernsten und entlegensten Teile der Haide, wohin er wohl eine Viertelstunde zu gehen hatte - zeigte ihnen nun das ganze Land der Väter, und nahm es ein mit der Schärfe des Schwertes. Dann wurde es unter die Stämme ausgeteilt, und jedem das Seinige zur Verteidigung angewiesen.

Oder er baute Babilon, eine furchtbare und weitläufige Stadt – er baute sie aus den kleinen Steinen des Roßberges, und verkündete den Heuschrecken und Käfern, daß hier ein gewaltiges Reich entstehe, das Niemand überwinden kann, als Cyrus, der morgen oder übermorgen kommen werde, den gottlosen König Balsazar zu züchtigen, wie es ja Daniel längst vorher gesagt hat.

Oder er grub den Jordan ab, d. i. den Bach, der von der Quelle floß, und leitete ihn anderer Wege - oder er tat das alles nicht, sondern entschlief auf der offenen Fläche, und ließ über sich einen bunten Teppich der Träume weben. Die Sonne sah ihn an, und lockte auf die schlummernden Wangen eine Röte, so schön und so gesund, wie an gezeitigten Äpfeln, oder so reif, und kräftig, wie an der Lichtseite vollkörniger Haselnüsse, und wenn sie endlich gar die hellen großen Tropfen auf seine Stirne gezogen hatte, dann erbarmte ihr der Knabe und sie weckte ihn mit einem heißen Kusse.

So lebte er nun manchen Tag und manches Jahr auf der Haide, und wurde größer und stärker, und in das Herz kamen tiefere, dunklere und stillere Gewalten, und es ward ihm wehe und sehnsüchtig – und er wußte nicht, wie ihm geschah. Seine Erziehung hatte er vollendet, und was die Haide geben konnte, das hatte sie gegeben; der reife Geist schmachtete nun nach seinem Brote, dem Wissen, und das Herz nach seinem Weine, der Liebe. Sein Auge ging über die fernen Duftstreifen des Moores, und noch weiter hinaus; als müsse dort draußen etwas sein, was ihm fehle, und als müsse er eines Tages seine Lenden gürten, den Stab nehmen, und weit, weit von seiner Herde gehen.

Die Wiese, die Blumen, das Feld und seine Ähren, der Wald und seine unschuldigen Tierchen sind die ersten und natürlichen Gespielen und Erzieher des Kinderherzens. Überlaß den kleinen Engel nur seinem eigenen innern Gotte, und halte bloß die Dämonen ferne, und er wird sich wunderbar erziehen und vorbereiten. Dann, wenn das fruchtbare Herz hungert nach Wissen und Gefühlen, dann schließ ihm die Größe der Welt, des Menschen und Gottes auf.

Und somit laßt uns Abschied nehmen von dem Knaben auf der Haide.

Das Haidehaus.

Eine gute Wegestunde von dem Roßberge stand ein Haus, oder vielmehr eine weitläufige Hütte. Sie stand am Rande der Haide weit ab jeder Straße menschlichen Verkehres; sie stand ganz allein, und das Land um sie war selber wieder eine Haide, nur anders, als die, auf der der Knabe die Ziegen hütete. Das Haus war ganz aus Holz, faßte zwei Stuben und ein Hinterstübchen, alles mit mächtigen braunschwarzen Tragebalken, daran manch Festkrüglein hing, mit schönen Trinksprüchen bemalt. Die Fenster, licht und geräumig, sahen auf die Haide, und das Haus war umgeben von dem Stalle, Schoppen und der Scheune. Es war auch ein Gärtlein vor demselben, worin Gemüse wuchs, ein Hollunderstrauch und ein alter Apfelbaum stand – weiter ab waren noch drei Kirschbäume, und unansehnliche Pflaumengesträuche. Ein Brunnen floß vor dem Hause, kühl, aber sparsam; er floß von dem hohen starken Holzschafte in eine Kufe nieder, die aus einem einzigen Haidestein gehauen war.

In diesem Hause war es sehr einsam geworden; es wohnten nur ein alter Vater und eine alte Mutter darinnen, und eine noch ältere Großmutter – und Alle waren sie traurig; denn er war fortgezogen, weit in die Fremde, der das Haus mit seiner jugendlichen Gestalt belebt hatte, und der die Freude Aller war. Freilich spielte noch ein kleines Schwesterlein an der Türschwelle, aber sie war noch gar zu klein, und war noch zu töricht; denn sie fragte ewig, wann der Bruder Felix wieder kommen werde. Weil der Vater Feld und Wiese besorgen mußte, so war ein anderer Ziegenknabe genommen worden; allein dieser legte auf der Haide Vogelschlingen, trieb immer sehr früh nach Hause, und schlief gleich nach dem Abendessen ein. Alle Wesen auf der Haide trauerten um den schönen lockigen Knaben, der von ihnen fortgezogen.

Es war ein traurig schöner Tag gewesen, an dem er fortgegangen war. Sein Vater war ein verständig stiller Mann, der ihm nie ein Scheltwort gegeben hatte, und seine Mutter liebte ihn, wie ihren Augapfel; – und aus ihrem Herzen, dem er oft und gerne lauschte, sog er jene Weichheit und Fantasiefülle, die sie hatte, aber zu nichts verwenden konnte, als zu lauter Liebe für ihren Sohn. Den Vater ehrte sie als den Oberherrn, der sich Tag und Nacht so plagen müsse, um den Unterhalt herbeizuschaffen, da die Haide karg war, und nur gegen große Mühe sparsame Früchte trug, und oft die nicht, wenn Gott ein heißes Jahr über dieselbe herabsandte. Darum lebten sie in einer friedsamen Ehe, und liebten sich pflichtgetreu von Herzen, und standen einander in Not und Kummer bei. Der Knabe kannte daher nie den giftigen Mehltau für Kinderherzen, Hader und Zank, außer, wenn ein stößiger Bock Irrsal stiftete, den er aber immer mit tüchtigen Püffen seiner Faust zu Paaren trieb, was das böseste Tier von ihm, und nur von ihm allein gutwillig litt, weil es wohl wußte, daß er sein Beschützer und zuversichtlicher Kamerade sei. Der Vater liebte seinen Sohn wohl auch, und gewiß nicht minder als die Mutter, aber nach der Verschämtheit gemeiner Stände, zeigte er diese Liebe nie, am wenigsten dem Sohne – dennoch konnte man sie recht gut erkennen an der Unruhe, mit der er aus- und einging, und an den Blicken, die er häufig gegen den Roßberg tat, wenn der Knabe einmal zufällig später von der Haide heim kam, als gewöhnlich – und der Bube wußte und kannte diese Liebe sehr wohl, wenn sie sich auch nicht äußerte.

Von solchen Eltern hatte er keinen Widerstand zu erfahren, als er den Entschluß aussprach, in die Welt zu gehen, weil er durchaus nicht mehr zu Hause zu bleiben vermöge. Ja, der Vater hatte schon seit langem wahrgenommen, wie der Knabe sich in Einbildungen und Dingen abquäle, die ihm selber von Kindheit an nie gekommen waren; er hielt sie deßhalb für Geburten der Haideeinsamkeit, und sann auf deren Abhilfe. Die Mutter hatte zwar nichts Seltsames an ihrem Sohne bemerkt, weil eigentlich ohnehin ihr Herz in dem seinen schlug; allein sie willigte doch in seine Abreise aus einem dunklen Instinkte, daß er da ausführe, was ihm Not tue.

Noch eine Person mußte gefragt werden, nicht von den Eltern, sondern von ihm: die Großmutter. Er liebte sie zwar nicht so wie die Mutter, sondern ehrte und scheute sie vielmehr; aber sie war es auch gewesen aus der er die Anfänge jener Fäden zog, aus welchen er vorerst seine Haidefreuden webte, dann sein Herz und sein ganzes zukünftiges Schicksal. Weit über die Grenze des menschlichen Lebens schon hinausgeschritten saß sie, wie ein Schemen hinten am Hause im Garten an der Sonne, ewig einsam und ewig allein in der Gesellschaft ihrer Toten, und zurückspinnend an ihrer innern ewig langen Geschichte. Aber so wie sie dasaß, war sie nicht das gewöhnliche Bild unheimlichen Hochalters, sondern wenn sie oft plötzlich ein oder das andere ihrer innern Geschöpfe anredete, als ein lebendes und vor ihr wandelndes; oder, wenn sie sanft lächelte, oder betete, oder mit sich selbst redete, wundersam spielend in Blödsinn und Dichtung, in Unverstand und Geistesfülle: so zeigte sie gleichsam, wie eine mächtige Ruine, rückwärts auf ein denkwürdiges Dasein. Ja der Menschenkenner, wenn hier je einer hergekommen wäre, würde aus den wenigen Blitzen, die noch gelegentlich auffuhren, leicht erkannt haben, daß hier eine Dichtungsfülle ganz ungewöhnlicher Art vorübergelebt worden war, ungekannt von der Umgebung, ungekannt von der Besitzerin, vorübergelebt in dem schlechten Gefäße eines Haidebauerweibes. Ihre gemütreiche Tochter, die Mutter des Knaben, war nur ein schwaches Abbild derselben. Das alte Weib hatte in ihrem ganzen Leben voll harter Arbeiten nur ein einziges Buch gelesen, die Bibel; aber in diesem Buche las und dichtete sie siebenzig Jahre. Jetzt tat sie es zwar nicht mehr, verlangte auch nicht mehr, daß man ihr vorlese; aber ganze Prophetenstellen sagte sie oft laut her, und in ihrem Wesen war Art und Weise jenes Buches ausgeprägt, so daß selbst zuletzt ihre gewöhnliche Redeweise etwas Fremdes und gleichsam Morgenländisches zeigte. Dem Knaben erzählte sie die heiligen Geschichten. Da saß er nun oft an Sonntagnachmittagen gekauert an dem Holunderstrauch – und wenn die Wunder, und die Helden kamen, und die fürchterlichen Schlachten, und die Gottesgerichte – und wenn sich dann die Großmutter in die Begeisterung geredet, und der alte Geist die Ohnmacht seines Körpers überwunden hatte – und wenn sie nun anfing, zurückgesunken in die Tage ihrer Jugend, mit dem welken Munde zärtlich und schwärmerisch zu reden, mit einem Wesen, das er nicht sah, und in Worten, die er nicht verstand, aber tiefergriffen instinktmäßig nachfühlte, und wenn sie um sich alle Helden der Erzählung versammelte, und ihre eigenen Verstorbenen einmischte, und nun alles durcheinander reden ließ: da grauete er sich innerlich entsetzlich ab, und um so mehr, wenn er sie gar nicht mehr verstand – allein er schloß alle Tore seiner Seele weit auf, und ließ den fantastischen Zug eingehen, und nahm des andern Tags das ganze Getümmel mit auf die Haide, wo er alles wieder nachspielte.

Dieser Großmutter nun wollte er sein Vorhaben deuten, damit sie ihn nicht eines Tages zufällig vermisse, und sich innerlich kränke, als sei er gestorben.

Und so – an einem frühen Morgen stand er neben den Eltern reisefertig vor der Tür, sein dürftig Linnenkleid an, den breiten Hut auf dem Haupte, den Wachholderstab in der Hand, umgehängt den Haidesack, in welchem zwei Hemden waren und Käse und Brot. Eingenäht in die Brusttasche hatte er das wenige Geld, welches das Haus vermochte.

Die Großmutter, immer die erste wach, kniete bereits nach ihrer Sitte inmitten der Wiese an ihrem Holzschemel, den sie dahin getragen, und betete. Der Knabe warf einen Blick auf den Haiderand, welcher schwarz den lichten Himmel schnitt – dann trat er zu der Großmutter und sagte: „Liebe Mutter, ich gehe jetzt, lebet wohl und betet für mich!“

„Kind, Du mußt der Schafe achten, der Trau ist zu früh, und zu kühl.“

„Nicht auf die Haide gehe ich, Großmutter, sondern weit fort in das Land, um zu lernen und tüchtig zu werden, wie ich es Euch ja gestern Alles gesagt habe.“

„Ja, Du sagtest es,“ erwiderte sie, „Du sagtest es, mein Kind – ich habe Dich mit Schmerzen geboren, aber Dir auch Gaben gegeben, zu werden, wie einer der Propheten und Seher – ziehe mit Gott, aber komme wieder, Jacobus!“

Jacobus hatte ihr Sohn geheißen, der auch einmal fortgegangen, vor mehr als sechzig Jahren, aber nie wieder zurückgekehrt war.

„Mutter, sagte er noch einmal, gebt mir Eure Hand.“

Sie gab sie ihm; er schüttelte sie und sagte: „Lebt wohl, lebt wohl.“

„Amen, Amen“ sagte sie, als hörte sie zu beten auf.

Dann wandte sich der Knabe gegen die Eltern; das Herz war ihm so sehr emporgeschwollen – er sagte nichts, sondern mit eins hing er am Halse der Mutter, und sie, heiß weinend, küßte ihn auf beide Wangen, und schob ihm noch ein Geldstück zu, das sie einst als Patengeschenk empfangen, und immer aufgehoben hatte, allein er nahm es nicht. Dem Vater reichte er bloß die Hand, weil er sich nicht getraute, ihn zu umarmen. Dieser machte ihm ein Kreuz auf die Stirne, auf den Mund und die Brust, und als hierbei seine raue Hand zitterte, und um den harten Mund ein heftiges Zucken ging, da hielt sich der Knabe nicht mehr. Mit einem Tränengusse warf er sich an die Brust des Vaters, und dessen linker Arm umkrampfte ihn eine Sekunde, dann ließ er ihn los, und schob ihn wortlos gegen die Haide. Die Mutter aber rief ihn noch einmal, und sagte, er möge doch auch das kleine Schwesterchen gesegnen, die man in ihrem Bettlein ganz vergessen habe. Drei Kreuze machte er über den schlafenden Engel, dann schritt er schnell hinaus, und ging trotzig vorwärts gegen die Haide.

So ziehe mit Gott, du unschuldiger Mensch, und bringe nur das Kleinod wieder, was du so leichtsinnig fortträgst!

Als er an den Roßberg gekommen, ging die Sonne auf, und schaute in zwei treuherzige, zuversichtliche, aber rotgeweinte Augen. Am Haidehause spiegelte sie sich in den Fenstern, und an der Sense des Vaters, der mähen ging.

Das Haidedorf.

Des ersten Abends war es öde und verlassen, und den beiden Eltern tat das Herz weh, als sie in der Dämmerung des Sommers zu Bette gingen, und auf seine leere Schlafstelle sahen. Um denselben Menschen, der vielleicht eben jetzt noch auf dürrer Heerstraße wanderte, und von Keinem beachtet, ja von den Meisten verachtet wurde, brachen fast zwei naturrohe Herzen im entlegenen Haidehause, daß sie ihn von nun an, vielleicht auf immer entbehren sollten; aber sie drückten den Schmerz in sich, und jedes trug ihn einsam, weil es zu schamhaft und unbeholfen war, sich zu äußern.

Aber es kam ein zweiter Tag, und ein dritter, und ein vierter, und jeder spannte denselben glänzenden Himmelsbogen über die Haide, und funkelte nieder auf die Fenster und das altergraue Dach des Hauses eben so freundlich und lieblich, wie als er noch da gewesen war.

Und dann kamen wieder Tage und wieder.

Die Arbeit und Freude des Landmanns, durch Jahrtausende einförmig, und durch Jahrtausende noch unerschöpft, zog auch hier geräuschlos und magisch ein Stück ihrer uralten Kette durch die Hütte, und an jedem ihrer Glieder hing ein Tröpflein Vergessenheit.

Die Großmutter trug nach wie vor ihren Holzschemel auf die Wiese, und betete daran, und sie und klein Marthe fragten täglich, wann denn Felix komme. Der Vater mähete Roggen und Gerste – die Mutter machte Käse und band Garben – und der fremde Ziegenbube trieb täglich auf die Haide. Von Felix wußte man nichts.

Die Sonne ging auf, und ging unter, die Haide wurde weiß, und wurde grün, der Holunderbaum und der Apfelbaum blühten vielmal – klein Marthe war groß geworden, und ging mit, um zu heuen und zu ernten, aber sie fragte nicht mehr, – und die Großmutter, ewig und unbegreiflich hinaus lebend, wie ein vom Tode vergessener

Mensch, fragte auch nicht mehr, weil er ihr entfallen war, oder sich zu ihren heimlichen Fantasiegestalten gesellt hatte.

Die Felder des Haidebauers besserten sich nachgerade, als ob der Himmel seine Einsamkeit segnen und ihm vergelten wollte, und es wurde ihm so gut, daß er schon manchen Getreidesack aufladen, und mit schönen Ochsen fortführen konnte, wofür er dann einige Taler Geldes, und Neuigkeiten von der Welt draußen heimbrachte. Einmal kam auch ein Schreinergeselle mit seinem Wanderpacke zu Vater Niklas, dem Haidebauer, und brachte einen Gruß und einen Brief von Felix, und sagte, daß derselbe in der großen, weit entfernten Hauptstadt ein schmucker, fleißiger Student sei, daß ihn Alles liebe, und daß er gar eines Tages Kaplan in der großen Domkirche werden könnte. Der Schreinergeselle wurde über Nacht im Haidehause gut gehalten, und ließ eitel Freude zurück, als er des andern Tages in entgegengesetzter Richtung von dannen zog. So kam es, daß jedes Jahr ein- oder zweimal ein Wandersmann den Umweg über die Haide machte, dem schönen, freundlichen, handsamen Jünglinge zu Liebe, der gern einen Gruß an sein liebes Mütterchen schicken wollte. Ja sogar einesmals kam Einer geschritten, und conterfeite das Häuschen samt dem Brunnen und Flieder und Apfelbaume.

Auch andere Veränderungen begannen auf der Haide. Es kamen einmal viele Herren und vermaßen ein Stück Haideland, das seit Menschengedenken keines Herrn Eigentum gewesen war, und es kam ein alter Bauersmann, und zimmerte mit vielen Söhnen und Leuten ein Haus darauf, und fing an, den vermessenen Fleck urbar zu machen. Er hatte fremdes Korn gebracht, das auf dem Haideboden gut anschlug, und im nächsten Jahre wogte ein grüner Ährenwald zunächst an Vater Niklas Besitzungen, wo noch im vorigen Frühlinge nur Schlehen und Liebfrauenschuh geblüht hatten. Der alte Bauer war ein freundlicher Mann, ein Mann vieler Kenntnisse, und teilte gerne seinen Rat und sein Wissen und seine Hilfe an die frühern Haidebewohner, und hielt gute Nachbarschaft mit Vater Niklas. Sie fuhren nun Beide gar in die Stadt, verkauften dort ihr Getreide weit besser, und am Getreidemarkt im goldenen Rosse waren die Haidebauern wohl gekannt und wohlgelitten.

Nach und nach kamen neue Ansiedler; auch eine Straße wurde von der Grundherrschaft über die Haide gebahnt, so daß nun manchmal des Weges ein vornehmer Wagen kam, deßgleichen man noch nie auf der Haide gesehen. Auch des alten Bauers Söhne bauten sich an, und einer, sagte man sich in's Ohr, werde wohl schön Marthens Bräutigam werden. Und so, ehe sieben Jahre in's Land gegangen, standen schon fünf Häuser mit Ställen und Scheunen, mit Giebeln und Dächern um das kleine, alte, graue Haidehaus, und Felder und Wiesen und Wege und Zäune gingen fast bis auf eine Viertelstunde Weges gegen den Roßberg, der aber noch immer so einsam war, wie sonst; – und am Pankratiustage hatte Vater Niklas die Freude, zum Richter des Haidedorfes gewählt zu werden, – er der Erste seit der Erschaffung der Welt, der solch Amt und Würde auf diesem Flecke bekleidete.

Wieder waren Jahre um Jahre vergangen, die Obstbaumsetzlinge, zarte Stangen, wie sie der alte Nachbarsbauer gebracht und an Niklas mitgeteilt hatte, standen nun schon als wirtliche Bäume da, und brachten reiche Frucht, und manchen Sonntagstrunk an Obstwein. – Marthe war an Nachbars Benedikt verheiratet, und sie trieben eigene Wirtschaft. – Die Haide war weiß und wieder grün geworden; aber des Vaters Haare blieben weiß, und die Mutter fing bereits an, der Großmutter ähnlich zu werden, welche Großmutter allein unverwüstlich und unveränderlich blieb, immer und ewig am Hause sitzend, ein träumerisches Überbleibsel, gleichsam, als warte sie auf Felixens Rückkehr. Aber Felix schien, wie einst Jacobus, verschollen zu sein auf der Haide. Seit drei Jahren kam keine Kunde und kein Wandersmann. – In der Hauptstadt, wohin gar Benedikt gegangen, um ihn zu suchen, war er nicht zu finden, und im Amte sagten ihm die Kanzleiherren aus einem großen Buche, er sei außer Landes gegangen, vielleicht gar über das Meer. Der Vater hörte schon auf, von ihm zu reden; Marthe hatte ein Kindlein und dachte nicht an ihn, die Haidedörfler kannten ihn nicht, und liebten ihn auch nicht, als einen, der da einmal davongegangen; die Großmutter fragte nur bisweilen nach Jacobus:

– aber das Mutterherz trug ihn unverwischt und schmerzhaft in sich, seit dem Tage, als er von dannen gezogen und an ihrem Busen geweint hatte – und das Mutterherz trug ihn Abends in das Haus, und Morgens auf die Felder – und das Mutterherz war es auch allein, das ihn erkannte, als einmal am Pfingstsamstage durch die Abendröte ein wildfremder sonnverbrannter Mann gewandert kam, den Stab in der Hand, das Ränzlein auf dem Rücken, und stehen blieb vor dem Haidehause.

„Felix" – „Mutter!"

Ein Schrei und ein Sturz an das Herz.

Das Mutterherz ist der schönste und unverlierbarste Platz des Sohnes, selbst wenn er schon graue Haare trägt – und jeder hat im ganzen Weltall nur ein einziges solches Herz.

Das alte Weib brach an ihm fast nieder vor Schluchzen, und er, vielleicht seit Jahren keiner Träne mehr gewohnt, ließ den Bach seiner Augen strömen, und hob sie zu sich auf, und drückte sie, und streichelte ihre grauen Haare, nicht sehend, daß Vater und Schwester, und das halbe Dorf um sie Beide standen.

„Felix, mein Felix, wo kommst Du denn her?" fragte sie endlich.

„Von Jerusalem, Mutter, und von der Haide des Jordans. – Gott grüß' Euch, Vater, und Gott grüße Euch, Großmutter! Jetzt bleib' ich lange bei Euch, und geliebt es Gott, auf immer."

Er schloß den zitternden Vater an's Herz, und dann die alte Großmutter, die fast schamhaft und demütig bei Seite stand – und dann noch einmal den Vater, den schönen, alten, braunen Mann mit den schneeweißen Haaren, den er mit noch dichten dunkeln Locken verlassen hatte, und der doppelt liebenswert da stand durch die unbehilfliche Verlegenheit, in die er dem stattlichen Sohne gegenüber geriet; – das Mutterherz aber, sich immer ihres unverjährbaren Ranges bewußt, zeigte nichts dem Ähnliches; sie sah nicht seine Gestalt und seine Kleider, sondern ihr Auge hing die ganze Zeit über an seinem Angesichte, und es glänzte und funkelte, und schäumte fast über vor Freude und vor Stolz, daß Felix so schön geworden, und so herrlich.

Endlich, als sich sein Herz etwas gesättigt, fiel ihm klein Marthe bei; er fragte nach ihr, und sein Auge suchte am Boden umher – allein die Mutter führte ihm ein blühendes Weib vor, mit hellen blauen Augen, ein Kind auf dem Arme, wie eine Madonna, deren er in Welschland auf Bildern gesehen – er erkannte im Kinde klein Marthe, die Mutter des Kindes getraute er sich aber nicht zu küssen, und auch sie stand blöde vor ihm, und sah ihn bloß liebreich an – endlich grüßten und küßten sie sich herzinnig als Geschwister und der ehrliche Benedikt reichte ihm die Hand und sagte, wie er ihn vor zwei Jahren so emsig in der ungeheuersten Entfernung gesucht habe.

„Da war ich im Lande Egypten," sagte Felix, „und Ihr hättet mich auch dort kaum erfragt; denn ich war in der Wüste."

Auch die Bauern und ihre Weiber und Kinder, die sich vor Niklas Hause eingefunden hatten, und ehrbar neugierig herumstanden, grüßte er alle freundlich, lüftete den Reisehut, und reichte ihnen, obwohl unbekannt, die Hand.

Endlich ging man in das Haus und nach Haidesitte gingen viele Nachbarn mit, und waren dabei, wie er Geschenke und Berichte auspackte. Auf der Gasse wurde es stille, die Menschen suchten nach dortigem Gebrauche zeitig ihre Schlafstellen, und die roten Pfingstwolken leuchteten noch lange über dem Dorfe.

Der Haidebewohner.

Und als des andern Tages die ersten Sonnenstrahlen glänzten, und die Haidedorfbewohner bereits im Festputze gerüstet waren, um zur fernen Kirche zu gehen: so war einer der Bewohner mehr, und einer der Kirchgänger mehr. Die Nacht hatte es Manchem verwischt, daß er gekommen, aber der Morgen brachte ihnen wieder neu den neuen Besitz, damit sie sich daran ergötzten: die Einen mit ihrer Neugierde, die Andern mit ihrer Liebe - Alle aber hatten eine unsichere Scheu, selbst die Eltern, was es denn wäre, das ihnen an ihm zurückgebracht worden sei, und ob er nicht ein fremdes Ding in der übrigen Gleichheit und Einerleiheit des Dorfes wäre.

Er aber stand schon angekleidet, und zwar in dem leinenen Haidekleide und dem breiten Hute im Freien, und schaute mit den großen, glänzenden, sanften Augen um sich, als die Mutter zu ihm trat und ihn fragte, ob er auch in die Kirche gehen werde, oder ob er müde sei, und Gott zu Hause verehren wolle.

„Ich bin nicht müde," antwortete er freundlich, „und ich werde mit Euch gehen;" denn er sah, daß die Mutter zum Kirchengehen angezogen war, und daß auch der Vater in seinem Sonntagsrocke aus dem Hause komme.

Festliche Gruppen zeigten sich hie und da auf dem Anger des Dorfes; Manche traten näher und grüßten, Andere hielten sich verschämt zurück, besonders die Mädchen, und wieder andere, welche zu Hause blieben, und in der Festtagseinsamkeit das Dorf hüten mußten, standen unter den Haustüren oder sonst wo, und schauten zu.

Und als noch Pfingsttau auf den Haidegräsern funkelte und glänzte, und als die Morgenkühle wehte, setzte sich schon Alles in Bewegung, um zu rechter Zeit anzulangen - und so führte denn Felix das alte Weib an seiner Hand, und leitete sie so zärtlich um den sanften Haidebühel hinan, wie sie einstens ihn, da er noch ein schwacher Knabe war und Sonntags Vormittags die Ziegen und Schafe zu Hause lassen durfte, damit er hinausgehe und das Wort Gottes höre. Der Vater ging innerlich erfreut daneben, die Andern teils voran, teils hinten. Endlich war die letzte Gruppe hinter dem Bühel verschwunden, die Nachschauenden traten in ihre Häuser zurück, und kurz darauf war jene funkelnde Einsamkeit über den Dächern, die so gern an heitern Sonntagvormittagen in den verlassenen Dörfern ist; - die Stunden rückten trockener, und heißer vor, eine dünne blaue Rauchsäule stieg hie und da auf, und mitten in dem Garten des Haidehauses kniete die hagere Großmutter und betete. - Und wie endlich nach stundenlanger Stille durch die dünne, weiche ruhende Luft, wie es sich zuweilen an ganz besonders schweigenden Tagen zutrug, der ferne feine Ton eines Glöckleins kam, da kniete manche Gestalt auf dem Rasen nieder, und klopfte an die Brust; - dann war es wieder stille und blieb stille - - die Sonnenstrahlen sanken auf die Häuser nieder, mehr und mehr senkrecht, dann wieder schräge, daß die Schatten auf der andern Seite waren - endlich kam der Nachmittag, und mit ihm alle Kirchgänger - sie legten die schönsten Kleider und Tücher von dem erhitzten Körper, taten leichtere an, und jedes Haus verzehrte sein vorgerichtetes Pfingstmahl.

Und was war es denn, was ihnen an Felix zurückgebracht worden war, und warum ist er denn so lange nicht gekommen, und wo ist er denn gewesen?

Sie wußten es nicht.

In der Kirche war er mit gewesen; - fast so kindlich andächtig, wie einst, hatte er auf die Worte des Priesters gehorcht, sanftmütig war er neben der Mutter nach Hause gekehrt, und wenn dann bei Tische der Vater das Wort nahm, so brach Felix das seine aufmerksam ab, und hörte zu - und gegen Abend saß er mit der Großmutter im Schatten des Holunderbusches, und redete mit ihr, die ihm ganz sonderbare und unverständliche Geschichten vorlallte - - und wenn dann so den Tag über die Neugier der Mutter in sein Auge blickte, halb selig, halb schmerzenreich, wenn sie nach den einstigen weichen Zügen forschte - ihren ehemaligen heitern, treuherzigen, schönen Haideknaben suchte sie - - - und siehe, sie fand ihn auch: in leisen Spuren war das Bild des gutherzigen Knaben geprägt in dem Antlitze des Mannes, aber unendlich schöner - so schön, daß sie oft einen Augenblick dachte, sie könne nicht seine Mutter sein; - wenn er den ruhigen

Spiegel seiner Augen gegen sie richtete, so verständig und so gütig - oder wenn sie die Wangen ansah, fast so jung, wie einst, nur noch viel dunkler gebräunt, daß dagegen die Zähne wie Perlen leuchteten, dieselben Zähne, die schon an dem Haidebuben so unschuldig und gesund geglänzt - und um sie herum noch dieselben lieblichen Lippen, die aber jetzt reif und männlich waren, und so schön, als sollte sogleich ein süßes Wort daraus hervorgehen, sei's der Liebe, sei's der Belehrung - -

„Er ist gut geblieben", jauchzte in ihr dann das Mutterherz; „er ist gut geblieben, wenn er auch viel vornehmer ist, als wir."

Und in der Tat, es war ein solcher Glanz keuscher Reinheit um den Mann, daß er selbst von dem rohen Herzen des Haideweibes erkannt und geehrt wurde.

Was lebte denn in ihm, das ihn unangerührt durch die Welt getragen, daß er seinen Körper als einen Tempel wiederbrachte, wie er ihn einst aus der Einsamkeit fortgenommen? - -

Sie wußten es nicht; nur immer heiterer, und fast einfältiger legte sich sein Herz dar, so wie die Stunden des ruhigen Festtages nach und nach verflossen.

Spät Abends erzählte er ihnen, da alle um den weißen buchenen Tisch saßen, und auch Marthe mit ihrem Kinde da war, und Benedikt und andere Nachbarn - er erzählte ihnen von dem gelobten Lande, wie er dort gewesen, wie er Jerusalem und Bethlehem gesehen habe, wie er auf dem Tabor gesessen, sich in dem Jordan gewaschen; - - den Sinai habe er gesehen, den furchtbar zerklüfteten Berg, und in der Wüste ist er gewandelt. - Er sagte ihnen, wie seine gezimmerten Truhen mit dem Postboten kommen würden, dann werde er ihnen Erde zeigen, die er aus den heiligen Ländern mitgebracht - auch getrocknete Blumen habe er, und Kräuter, aus jenem Lande und Fußtritte des Herrn, und was nur immer dort das Erdreich erzeuge und bringe - und viel heiliger, viel heißer und viel einsamer seien jene Haiden und Wüsten, als die hiesige, die eher ein Garten zu nennen - - und wie er so redete, sahen alle auf ihn, und horchten - und sie vergaßen, daß es Schlafenszeit vorüber, daß die Abendröte längst verglommen, daß die Sterne emporgezogen, und in dichter Schaar über den Dächern glänzten.

Von Städten, den Menschen und ihrem Treiben hatte er nichts gesagt, und sie hatten nicht gefragt. Die Worte seines Mundes taten so wohl, daß ihnen gerade das, was er sagte, das Rechte däuchte, und sie nicht nach Anderem fragten.

Marthe trug endlich das schlafende Kind fort, Benedikt ging auch, die Nachbarn entfernten sich - und noch seliger und noch freudenreicher, als gestern gingen die Eltern zu Bette, und selbst der Vater dachte, Felix sei ja fast, wie ein Prediger und Priester des Herrn.

Auch auf die Haide war er gleich nach den Feiertagen gegangen, auf seiner Rednerbühne war er gesessen; die Käfer, die Fliegen, die Faltern, die Stimme der Haidelerche und die Augen der Feldmäuschen waren die nämlichen. Er schweifte herum, die Sonnenstrahlen spannen, - dort dämmerte das Moor, und ein Zittern und Zirpen und Singen - - - und wie der Vater ihn so wandeln sah, mußte er sich über die dünnen grauen Haare fahren, und mit der schwielenvollen Hand über die Runzeln des Angesichts streichen, damit er nicht glaube, sein Knabe gehe noch dort, und es fehlen nur die Ziegen und Schafe, daß es sei wie einst, und daß die lange, lange Zeit nur ein Traum gewesen sei. Auch die Nachbarn, wie er so Tag nach Tag unter ihnen wandelte, wie ihn schon alle Kinder kannten, wie er mit jedem derselben, auch mit dem häßlichen, so freundlich redete, und wie er so im Linnenkleide durch die neuen Felder ging - glaubten ganz deutlich, er sei einer von ihnen, und doch war es auch wieder ganz deutlich, wie er ein weit anderer sei, als sie.

Eine That müssen wir erzählen, ehe wir weiter gehen, und von seinem Leben noch entwickeln, was vorliegt - eine Tat, die eigentlich geheim bleiben sollte, aber ausgebreitet wurde, und ihm mit eins alle Herzen der Haidebewohner gewann.

Als endlich die gezimmerten Truhen mit dem Postboten in die Stadt, und von da durch Getreidewagen auf die Haide gekommen waren, als er daraus die Geschenke hervorgesucht und ausgeteilt, als er tausenderlei Merkwürdiges gezeigt, Blumen, Federn, Steine, Waffen - und Alles genug bewundert worden war, - trat er desselben Tages Abends zu dem Vater in die hintere Kammer, als er gesehen hatte, daß derselbe hineingegangen, und, wie er gern tat, sich in den hineinfallenden Fliederschatten gesetzt hatte - er trat beklommen hinein und sagte mit fast bebender Stimme: „Vater, Ihr habt mich auferzogen, und mir Liebes getan, seit ich lebe - ich aber habe es schlecht vergolten; denn ich bin fortgegangen, daß Ihr keinen Gehilfen Eurer Arbeit hattet, und Eurer Sorge für Mutter und Großmutter - und als ich gekommen, warfet Ihr mir nichts vor, sondern waret nur freundlich und lieb; ich kann es nicht vergelten, als daß ich Euch nicht mehr verlassen und Euch noch mehr verehren und lieben will, als sonst. So viel Jahre mußtet Ihr sein, ohne in mein Auge schauen zu können, wie es Eurem Herzen wohlgetan hätte; - aber ich bleibe jetzt immer, immer bei Euch. - Allein weil mich Euch Gott auch zur Hilfe geboren werden ließ, so lernte ich draußen allerlei Wissenschaft, wodurch ich mir mein Brot verdiente, und da ich wenig brauchte, so blieb Manches für Euch übrig. Ich bringe es nun, daß Ihr es auf Euer Haus wendet, und im Alter zu Gute bekommet, und ich bitte Euch, Vater, nehmet es mit Freundlichkeit an.“

Der Alte aber, hochrot, zitternd vor Scham und vor Freude, war aufgesprungen und wies mit beiden Händen die dargebotenen Papiere von sich, indem er sagte: „Was kommt Dir bei, Felix? Ich bin so erschrocken, - da sei Gott vor, daß ich die Arbeit und Mühe meines Kindes nehme - ach, mein Gott, ich habe Dir ja nichts geben können, nicht einmal eine andere Erziehung, als die Dir der Herr auf der Haide gab, nicht einmal das fromme Herz, das Dir von selber gekommen. - Du bist mir nichts schuldig - die Kinder sind eine Gottesgabe, daß wir sie erziehen, wie es ihnen frommt, nicht wie es uns nützt; - verzeihe mir nur, Felix, ich habe Dich nicht erziehen können, und doch scheint es mir, bist Du so gut geworden, so gut, daß ich vor Freuden weinen möchte“ - -

Und kaum hatte er das Wort heraus, so brach er in lautes Weinen aus, und tastete ungeschickt nach Felix Hand - Dieser reichte sie; er konnte sich nicht helfen, er mußte sein Antlitz gegen die Schulter des Vaters drücken, und das grobe Tuch des Rockes mit seinen heißesten Thränen netzen. Der Vater war gleich wieder still, und sich gleichsam schämend und beruhigend sagte er die Worte: „Du bist verständiger als wir, Felix. Wenn Du bei uns bleibst, arbeite, was Du willst; ich verlange nicht, daß Du mir hilfst - da ist ja Benedikt und seine Knechte, wenn es not täte; auch habe ich schon ein Erspartes, daß ich mir im Alter einen Knecht nehmen kann. - Du aber wirst schon etwas arbeiten, wie es Gott gefällig und wie es recht ist.“

Felix aber dachte in seinem Herzen, er werde doch in Zukunft, wenn es nötig sei, lieber in der Tat selbst, und durch Leistung des eben Mangelnden beistehen, damit ihm das Herz nicht so weh täte, wenn er dem Vater gar nichts Gutes bringen könnte. Ach, das Beste hat er ja schon gebracht, und wußte es nicht, das gute, das überquellende Herz, das jedem, selbst dem gehärtetsten Vater ein freudigeres Kleinod ist, als alle Güter der Erde, weil es nicht Lohn nach außen ist, sondern Lohn in der tiefsten, innersten Seele.

Der Vater tat nun gleichgültig und machte sich mit diesem und jenem im Zimmer zu tun; kaum aber war Felix hinaus, so lief er eiligst zur Mutter und erzählte ihr, was der Sohn hatte tun wollen - sie aber faltete die Hände, lief vor die Heiligenbilder der Stube, und tat ein Gebet, das halb ein Frevel stürmenden Stolzes, halb ein Dank der tiefsten Demut war.

Dann aber ging sie hin und breitete es aus.

Das war nun klar, daß er gut war, daß er sanft, treu und weich war, und das sahen sie auch, daß er schön und herrlich war; - des Weitern forschten sie nicht, was es sei, und was es sein werde.

Er aber ging her, und ließ sich weit draußen von dem Dorfe entlegen, auf der Haide ein Stück Landes zumessen, und begann mit vielen Arbeitern ein steinernes Haus zu errichten. - Daß es größer werde, als er allein brauche, fiel Allen auf; aber als es im Herbste fertig war, als es eingerichtet und geschmückt war, bezog er es gleichwohl allein, und so verging der Winter. Es kam der blütenreiche Frühling - und Felix saß in seinem

Hause auf der Haide, und herrschte, wie einst, über alle ihre Geschöpfe, und über all die hohen stillen Gestalten, die sie jetzt bevölkerten.

Was war es denn aber, was den Eltern und Nachbarn an ihm zurückgebracht worden ist?

Sie wußten es nicht.

Ich aber weiß es. Ein Geschenk ist ihm geworden, das den Menschen hoch stellt, und ihn doch verkannt macht unter seinen Brüdern - das einzige Geschenk auf dieser Erde, das kein Mensch von sich weisen kann. Auf der Haide hatte es begonnen, auf die Haide mußte er es zurücktragen. Bei wem eine Göttin eingekehrt ist, lächelnden Antlitzes, schöner als alles Irdische, der kann nichts anders tun, als ihr in Demut dienen.

Damals war er fortgegangen, er wußte nicht, was er werden würde - eine Fülle von Wissen hatte er in sich gesogen: es war der nächste Durst gewesen, aber er war nicht gestillt; er ging unter Menschen, er suchte sie völkerweise - er hatte Freunde - er strebte fort, er hoffte, wünschte und arbeitete für ein unbekanntes Ziel - selbst nach Gütern der Welt und nach Besitz trachtete er: aber durch alles Erlangte, - durch Wissen, Arbeiten, Menschen, Eigentum - war es immer, als schimmere weit zurückliegend etwas, wie eine glänzende Ruhe, wie eine sanfte Einsamkeit - - - hatte sein Herz die Haide, die unschuldsvolle, liebe Kindheitshaide mitgenommen? oder war es selber eine solche liebe, stille, glänzende Haide? - - Er suchte die Wüsten und die Einöden des Orients, nicht brütend, nicht trauernd, sondern einsam, ruhig, heiter, dichtend. - Und so trug ihn dieses sanfte, stille Meer zurück in die Einsamkeit, und auf die Haide seiner Kindheit - - und wenn er nun so saß auf der Rednerbühne, wie einst, wenn die Sonnenfläche der Haide vor ihm zitterte und sich füllte mit einem Gewimmel von Gestalten, wie einst, und manche daraus ihn anschauten mit den stillen Augen der Geschichte, andere mit den seligen der Liebe, andere den weiten Mantel großer Taten über die Haide schleifend - und wenn sie erzählten von der Seele und ihrem Glücke, von dem Sterben und was nachher sei, und von Anderem, was die Worte nicht sagen können - und wenn es ihm tief im Innersten so fromm wurde, daß er oft meinte, als sehe er weit in der Öde draußen Gott selbst stehen, eine ruhige silberne Gestalt: dann wurde es ihm unendlich groß im Herzen, er wurde selig, daß er denken könne, was er dachte - und es war ihm, daß es nun so gut sei, wie es sei.

Die blödsinnige Großmutter war die erste gewesen, die ihn erkannt hatte.

„Es sind der Gaben eine Unendlichkeit über diese Erde ausgestreut worden," hatte sie eines Tages gerufen, „die Halmen der Getreide, das Sonnenlicht und die Winde der Gebirge - da sind Menschen, die den Segen der Gewächse erziehen, und ihn ausführen in die Teile der Erde; es sind, die da Straßen ziehen, Häuser bauen, dann sind andere, die das Gold ausbreiten, das in den Herzen der Menschen wächst, das Wort, und die Gedanken, die Gott aufgehen läßt in den Seelen. Er ist geworden, wie einer der alten Seher und Propheten, und ist er ein solcher, so hab' ich es vorausgewußt, und ich habe ihn dazu gemacht, weil ich die Körner des Buches der Bücher in ihn geworfen; denn er war immer weich wie Wachs, und hochgesinnt, wie einer der Helden."

Die Großmutter war es aber auch, mit der er sich allein mehr beschäftigte, als alle Andern mit ihr; er war der Einzige, der sie zu flüssigen Reden bringen konnte, und der Einzige, der ihre Reden verstand; er las ihr oft aus einem Buche vor, und die hundertjährige Schülerin horchte emsig auf, und in ihrem Angesichte waren Sonnenlichter, als verstände sie das Gelesene.

So war der Frühling vergangen, so waren wieder Pfingsten gekommen: - aber wie waren es diesmal andere Pfingsten, als vor einem Jahre. Eine doppelte, furchtbare Schwüle lag auf beiden, auf dem Dorfe, und auf Felix, und bei beiden lösete sich die Schwüle am Pfingsttage - aber wie verschieden bei beiden!

Ich will noch, ehe wir von seinem einfachen Leben scheiden, dieses letzte Ergebnis, das ich weiß, erzählen.

Wenn er so manchmal von der Haide kam und durch das Dorf ging, Geschenke für die Kinder seiner Schwester tragend, Steinchen, Muscheln, Schneckenhäuser und dergleichen, die Locken um die hohe Stirne geworfen, wie ein Kriegsgott, und doch die schwarzen Augen so sehnsuchtsvoll und schmachtend: dann war er so schön, und es trug ihn wohl manche Dirne der Haide als heimlichen Abgott im Herzen verborgen, aber er selber hatte einen Abgott im Herzen; - einen einzigen Punkt süßen heimlichen Glückes hatte er aus der Welt getragen, als er ihre Ämter und Reichtümer ließ - einen einzig süßen Punkt durch alle Wüsten - und heute, morgen, dieser Tage sollte es sich zeigen, ob er sein Haus für sich allein gebaut, oder nicht. - Alle Kraft seiner Seele hatte er zu der Bitte aufgeboten, und mit Angst harrte er der Antwort, die ewig, ewig zögerte.

Wohl kam Pfingsten näher und näher, aber zu der Schwüle, die unbekannt und unsichtbar über des Jünglings Herzen hing, gesellte sich noch eine andere über dem ganzen Dorfe drohend, ein Gespenst, das mit unhörbaren Schritten nahte; - nämlich jener glänzende Himmel, zu dem Felix sein inbrünstiges Auge erhoben, als er jene schwere Bitte abgesandt hatte, jener glänzende Himmel, zu dem er vielleicht damals ganz allein emporgeblickt, war seit der Zeit wochenlang ein glänzender geblieben, und wohl hundert Augen schauten nun zu ihm ängstlich auf. Felix, in seiner Erwartung befangen, hatte es nicht bemerkt; aber eines Nachmittags, da er gerade von der Haide dem Dorfe zuging, fiel ihm auf, wie denn heuer gar so schönes Wetter sei; denn eben stand über der verwelkenden Haide eine jener prächtigen Erscheinungen, die er wohl öfters, auch in morgenländischen Wüsten, aber nie so schön gesehen, nämlich das Wasserziehen der Sonne: - aus der ungeheuren Himmelsglocke, die über die Haide lag, wimmelnd von glänzenden Wolken, schossen an verschiedenen Stellen majestätische Ströme des Lichtes, und, auseinanderfahrende Straßen am Himmelszelte bildend, schnitten sie von der gedehnten Haide blendend goldne Bilder heraus, während das ferne Moor in einem schwachen milchichten Höhenrauche verschwamm.

So war es dieser Tage oft gewesen, und der heutige schloß sich wie seine Vorgänger; nämlich zu Abends war der Himmel gefegt, und zeigte eine blanke hochgelb schimmernde Kuppel.

Felix ging zu der Schwester, und als er spät Abends in sein Haus zurückkehrte, bemerkte er auch, wie man im Dorfe geklagt, daß die Halme des Kornes so dünne standen, so zart, die wolligen Ähren pfeilrecht empor streckend, wie ohnmächtige Lanzen.

Am andern Tage war es schön, und immer schönere Tage kamen und schönere.

Alles und jedes Gefühl verstummte endlich vor der furchtbaren Angst, die täglich in den Herzen der Menschen stieg. Nun waren auch gar keine Wolken mehr am Himmel, sondern ewig blau und ewig mild lächelte er nieder auf die verzweifelnden Menschen. Auch eine andere Erscheinung sah man jetzt oft auf der Haide, die sich wohl früher auch mochte ereignet haben, jedoch von Niemand beachtet; aber jetzt, wo viele tausend und tausend Blicke täglich nach dem Himmel gingen, wurde sie als unglückweissagender Spuk betrachtet: nämlich ein Waldes- und Höhenzug, jenseits der Haide gelegen, und von ihr aus durchaus nicht sichtbar, stand nun öfters sehr deutlich am Himmel, daß ihn nicht nur Alles sah, sondern daß man sich die einzelnen Rücken und Gipfel zu nennen und zu zeigen vermochte - und wenn es im Dorfe hieß, es sei wieder zu sehen, so ging Alles hinaus, und sah es an, und es blieb manchmal stundenlang stehen, bis es schwankte, sich in Längen- und Breitenstreifen zog, sich zerstückte, und mit eins verschwand.

Die Haidelerche war verstummt; aber dafür tönte den ganzen Tag, und auch in den warmen taulosen Nächten das ewige einsame Zirpen und Wetzen der Heuschrecken über die Haide, und der Angstschrei des Kibitz. Das flinke Wässerlein ging nur mehr wie ein dünner Seidenfaden über die graue Fläche, und das Korn und die Gerste im Dorfe standen fahlgrün und wesenlos in die Luft, und erzählten bei jedem Hauche derselben mit leichtfertigem Rauschen ihre innere Leere. Die Baumfrüchte lagen klein und mißreif auf der Erde, die Blätter waren staubig und von Blümlein war nichts mehr auf dem Rasen, der sich selber wie rauschend Papier zwischen den Feldern hinzog.

Es war die äußerste Zeit. Man flehte mit Inbrunst zu dem verschlossenen Gewölbe des Himmels. Wohl stand wieder mancher Wolkenberg tagelang am südlichen Himmel, und nie noch wurde ein so stoffloses Ding wie eine Wolke, von so vielen Augen angeschaut, so sehnsüchtig angeschaut, als hier - aber wenn es Abend wurde, erglühte der Wolkenberg purpurig schön, zerging, lösete sich in lauter wunderschöne zerstreute Rosen am Firmamente auf, und verschwand - und die Millionen freundlicher Sterne besetzten den Himmel.

So war Freitag vor Pfingsten gekommen; die weiche blaue Luft war ein blanker Felsen geworden. Vater Niklas war Nachmittags über die Haide gekommen, das Bächlein war nun auch versiecht, das Gras bis auf eine Decke von schalgrauem Filze verschwunden, nicht Futter gebend für ein einzig Kaninchen; nur der unverwüstliche und unverderbliche Haidesohn, der mißhandelte und verachtete Strauch, der Wachholder, stand mit eiserner Ausdauer da, der einzige lebhafte Feldbusch, das grüne Banner der Hoffnung; denn er bot freiwillig gerade heuer eine solche Fülle der größten blauen Beeren, so überschwenglich, wie sich keines Haidebewohners Gedächtniß entsinnen konnte. - Eine plötzliche Hoffnung ging in Niklas Haupte auf, und er dachte als Richter mit den Ältesten des Dorfes darüber zu raten, wenn es nicht morgen oder übermorgen sich änderte. Er ging weit und breit und betrachtete die Ernte, die keiner gesäet, und auf die keiner gedacht, und er fand sie immer ergiebiger und reicher, sich, weiß Gott, in welche Ferne erstreckend - aber da fielen ihm die armen tausend Tiere ein, die dadurch werden in Notstand versetzt sein, wenn man die Beeren sammle: allein er dachte, Gott der Herr wird ihnen schon eingeben, wohin der Krammetsvogel fliegen, das Reh laufen müsse, um andere Nahrung zu finden.

Da er heimwärts in die Felder kam, nahm er eine Scholle und zerdrückte sie; aber sie ging unter seinen Händen wie Kreide auseinander - und das Getreide, vor der Zeit Greis, fing schon an, sich zu einer tauben Ernte zu bleichen. Wohl standen Wolken am

Himmel, die in langen milchweißen Streifen tausendfasrig und verwaschen die Bläue durchstreiften, sonst immer Vorboten des Regens; aber er traute ihnen nicht, weil sie schon drei Tage da waren, und immer wieder verschwanden, als würden sie eingesogen von der unersättlichen Bläue. Auch manch anderer Hausvater ging händeringend zwischen den Feldern und als es Abend geworden, und selbst zerstückte Gewitter um den Rand des Horizontes standen, und sich gegenseitig Blitze zusandten, - sah ein von der Stadt heimfahrender Bauer selbst die halbgestorbene Großmutter mitten im Felde knien, und mit emporgehobenen Händen beten, als sei sie durch die allgemeine Not zu Bewußtsein und Kraft gelangt, und als sei sie die Person im Dorfe, deren Wort vor allen Geltung haben müsse im Jenseits.

Die Wolken wurden dichter, aber blitzten nur und regneten nicht.

Wie Vater Niklas zwischen die Zäune bog, begegnete er seinem Sohne, und siehe, dieser ging mit traurigem Angesichte einher, mit weit traurigerem, als jeder Andere im Dorfe.

„Guten Abend, Felix," sagte der Vater zu ihm, „gibst Du denn die Hoffnung ganz auf?"

„Welche Hoffnung, Vater?"

„Gibt es denn eine andere, als die der Ernte?"

„Ja, Vater, es gibt eine andere; - die der Ernte wird in Erfüllung gehen, die andere nicht. Ich will es Euch sagen, ich selber habe etwas für Euch und das Dorf getan. Ich habe zu den Obrigkeiten der fernen Hauptstadt geschrieben, und ihnen den Stand der Dinge gemeldet; ich habe Freunde dort und manche haben mich lieb gehabt, - sie werden Euch helfen, daß ihr keinen Hauch von Not empfinden sollet, und auch ich werde so viel helfen, als in meiner Kraft ist. Aber tröstet Euch und tröstet das Dorf: alle Hilfe von Menschen, werdet Ihr nicht brauchen; ich habe den Himmel und seine Zeichen auf meinen Wanderungen kennen gelernt, und er zeigt, daß es morgen regnen werde. - Gott macht ja immer Alles, Alles gut, und es wird auch dort gut sein, wo er Schmerz und Entsagung sendet."

„Möge Dein Wort in Erfüllung gehen, Sohn, daß wir zusammen glückliche Festtage feiern."

„Amen," sagte der Sohn, „ich begleite Euch zur Mutter; wir wollen glückliche Festtage feiern."

Pfingstsamstags-Morgen war angebrochen und der ganze Himmel hing voll Wolken; aber noch war kein Tropfen gefallen. So ist der Mensch. Gestern gab jeder die Hoffnung der Ernte auf, und heute glaubte jeder, mit einigen Tropfen wäre ihr geholfen. Die Weiber und Mägde standen auf dem Dorfplatze und hatten Fässer und Geschirr hergebracht, um, wenn es regne, und der Dorfbach sich fülle, doch auch heuer wie sonst, ihre Festtagsreinigungen vornehmen zu können und feierliche Pfingsten zu halten. Aber es wurde Nachmittag, und noch kein Tropfen war gefallen, die Wolken wurden zwar nicht dünner - aber es kam auch Abend, und kein Tropfen war gefallen.

Spät Nachts war der Bote zurückgekommen, den Felix in die Stadt zur Post gesendet, und brachte einen Brief für ihn. Er lohnte den Boten, trat, als er allein war, vor die Lampe seines Tisches, und entsiegelte die wohlbekannte Handschrift:

„Es macht mir vielen Kummer, in der Tat, schweren Kummer, daß ich Ihre Bitte abschlagen muß. Ihre selbstgewählte Stellung in der Welt macht es unmöglich zu willfahren; meine Tochter sieht ein, daß es so nicht sein kann, und hat nachgegeben. Sie wird den Sommer und Winter in Italien zubringen, um sich zu erholen, und sendet Ihnen durch mich die besten Grüße. Sonst Ihr treuer, ewiger Freund."

Der Mann, als er gelesen, trat mit schneebleichem Angesichte und mit zuckenden Lippen von dem Tische weg - an den Wimpern zitterten Tränen vor. Er ging ein paarmal auf und ab, legte endlich das erhaltene Schreiben langsam auf den Tisch, schritt mit dem Lichte gegen einen Schrein, nahm ein Päckchen Briefe heraus, legte sie schön zusammen, umwickelte sie mit einem feinen Umschlage, und siegelte sie zu - dann legte er sie wieder in den Schrein.

„Es ist geschehen," sagte er atmend, und trat an's Fenster, sein Auge an den dicken finstern Nachthimmel legend. Unten stand ein verwelkter Garten - die Haide schlummerte - und auch das entfernte Dorf lag in hoffnungsvollen Träumen.

Es war eine lange, lange Stille.

„Meine selbstgewählte Stellung," sagte er endlich sich emporrichtend - und im tiefen, tiefen Schmerze war es, wie eine zuckende Seligkeit, die ihn lohnte. Dann löschte er das Licht aus und ging zu Bette.

Des andern Morgens, als sich die Augen aller Menschen öffneten, war der ganze Haidehimmel grau, und ein dichter sanfter Landregen träufelte nieder.

Alles, alles war nun gelöset; die freudigen Festgruppen der Kirchgänger rüsteten sich, und ließen gern das köstliche Naß durch ihre Kleider sinken, um nur zum Tempel Gottes zu gehen und zu danken - auch Felix ließ es durch seine Kleider sinken, ging mit und dankte mit, und Keiner wußte, was seine sanften, ruhigen Augen bargen.

So weit geht unsere Wissenschaft von Felix, dem Haidebewohner. - Von seinem Wirken und dessen Früchten liegt nichts vor: aber sei es so oder so - trete nur getrost dereinst vor deinen Richter, du reiner Mensch, und sage: „Herr, ich konnte nicht anders, als dein Pfund pflegen, das du mir anvertraut hast," und wäre dann selbst Dein Pfund zu leicht gewesen, der Richter wird gnädiger richten als die Menschen.